Kurt Scharf

Nachtfracht

Bibliografische Information der Deutschen Nationalbibliothek:

Die Deutsche Nationalbibliothek verzeichnet diese Publikation in der Deutschen

Nationalbibliografie; detaillierte bibliografische Daten sind im Internet

über www.dnb.de abrufbar.

© 2022 Kurt Scharf

Herstellung und Verlag: BoD – Books on Demand, Norderstedt

ISBN: 9783755774068

1.

Dem Ungewissen auf der Spur,
versage ich mich dieser Welt
und träume von Entferntem nur,
das in die Schale Zeit hier fällt.

Und zögert noch der scheue Blick
hinaus in Tag und halbe Nacht,
verwandelt sich mein Missgeschick,
hat Halt am dunklen Strom gemacht.

Ich tauche ein, mein Sein erwirbt
genug an Farben, und mir scheint,
so langsam wie die Seele stirbt,
ich bin mit dem was kommt vereint.

2.

Die Trauer lauert längst im Raum,
darin die Dinge fließend sind,
umgeben von Magie als Saum,
der wir verfallen wie ein Kind.

Die Freude liegt uns angeschmiegt,
sie fesselt Herz und Hirn und Hand.
Sofern die Trauer trotzdem siegt,
bleibt sie der Hoffnung unbekannt.

Wir leben, weil die Kälte treibt
im Schein des blassen Kerzenlichts
und wiederholt das Motto schreibt:
Am Ende schwingen wir im Nichts.

3.

Die weißen Wogen steigen auf,
gelegt um brauner Säulen Rast,
und stehen kläglich zum Verkauf
mit wasseroffner Sündenlast.

Wenn wer die reinen Reihen sieht,
die Niedertracht der Gegenwart,
und vor der Zukunft Ordnung flieht,
dem bleibt der Frieden ausgespart.

Die Leute sind seit langem stumm,
sie schmiegen sich in Einzelhaft
und drehen stumpfe Messer um
in Wunden nur mit halber Kraft.

4.

Dem Widerpart der Angst gelingt,
dem grellen Mut, ein Lobgesang
der lauter an die Ohren dringt,
doch leider nicht ein Leben lang.

So fliehen Tage, ziehen hin,
gefüllt mit grau gefärbter Zeit
und nebelhaftem dunklen Sinn;
die Träume tun sich selber leid.

Zuweilen klingt die Melodie,
verlassnen Wohngebieten gleich
worin der Wind nur haust, so wie
ein ferner Klang im Nachtbereich.

5.

Die Wege schreiten wir nun ab,
die schönsten Dinge finden wir
so kurz vorm Ziel und vor dem Grab;
der Tod nimmt uns in sein Visier.

Wir sehen nach dem nächsten Tag,
was der uns immer bringen will
als banger Stunden Fehlbetrag;
wir reden noch; wir werden still.

Ein Schimmer fliegt uns nun voraus
und kündigt an das letzte Licht.
Versunken ist die Stadt, das Haus.
Im Weltenall herrscht Gleichgewicht.

6.

Der Mond bezog das Blätterdach
mit Silberdunst im Waldgebiet,
die Sternenvögel wurden wach
und sangen schwach ein Abendlied.

Das Land, gerudert in die Nacht,
verschwand, ein sanftes Sehnen nur,
und trieb als bunter Träume Fracht,
verging wie eines Menschen Spur.

Vom nächsten Morgen sprach man nicht.
Die frühen Stunden blieben fern
und nie beschrieben, ein Gedicht,
entfernter noch als jeder Stern.

7.

Gehüllt in Schnee, entlässt der Weg
gedankenkühl den Wortbereich,
der Satz erfriert am Silbensteg;
und alle Bücher werden gleich.

Die Bilder auch, im weißen Schein,
sind rahmenlos und bleiben fahl,
die Lieder richten stumm sich ein;
sogar die Schatten gleiten schmal.

Die Schuld, die niemand eingesteht,
wird auf die helle Welt verteilt.
Das Dunkel kommt, dass man es sieht
und wieder in Geschichten weilt.

8.

Wer heute Trübsal blasen will,
dem fällt das ganz gewiss nicht schwer;
die Stunden starten hart und still,
sie treiben schwarzgewandet her.

Am Rande keimt Gelassenheit
und löscht den frechen Übermut,
für frohe Worte fehlt die Zeit,
aus allen Feuern flieht die Glut.

Und wenn der stumme Tag verblasst,
darinnen wir gefangen sind,
so bleiben wir allein, umfasst
von Kälte, zittern hier im Wind.

9.

Die Zeugen zeigen selbst sich an,
sie wären schuld und ihre Tat
benennbar, gut erkennbar dran:
Sie gaben niemals einen Rat,

sie schwiegen, zogen sich zurück,
derweil im Frieden und im Krieg
die Hoffnung starb ein weitres Stück
und nie gelang der letzte Sieg.

Und nun, am Ende, flehen sie
um Strafe, aber niemand hört;
sie schwanken, brechen in die Knie
und schweigen wieder ungestört.

10.

Wir leben nur im Wort bewahrt,
das aus der Welt gefallen ist
und unser Dasein offenbart
als grauvertraut getriebne Frist.

Wir haben keinen weitren Grund,
zu loben was uns weise macht
und stärker auch; dem Wortbefund
obliegt der Sieg am Tag, zur Nacht.

Woran wir glauben, Zeit um Zeit,
versinkt im Satz, gesagt vom Nichts,
und dauert an, wird Ewigkeit
am schattendunklen Rand des Lichts.

11.

Der Wind, der über Felder streift,
verharrt am Tannenwald, am Rand
wo Schnee mit weißen Zungen greift;
und Ruhe senkt sich in das Land.

Wenn wer, wie du, spazieren geht
und kommt mit seiner Seele klar,
wird jeder Wunsch der hier entsteht
ans Licht gebracht und endlich wahr.

Du kehrst zurück; das Leben hat,
ein Angebot im Wechselwind,
Reserven noch und findet statt
wo deine Träume Wahrheit sind.

12.

Bevor sich Glück entfalten kann,
ist Innehalten angesagt;
noch stärker sind wir dann im Bann
der Zukunft, die an uns schon nagt.

Verdruss ist so ein lahmes Wort,
gestrichen von der Liste gleich;
wir scheuchen was uns ärgert fort,
nur Hoffnung herrscht im Planbereich.

Und niemand spricht vom Lichtverzicht,
die Tage dauern, nie wird Nacht;
die Welt, ein langes Klanggedicht,
erscheint uns schön, in voller Pracht.

13.

Ich wünsche euch den Frieden: bald.
Nicht erst dem Kind und Kindeskind.
Der Krieg, die Not, die Angst, Gewalt:
wird Zeit, dass sie vergessen sind.

Die Sonne strahlt; so malt ein Bild,
worauf das Licht enthalten ist,
worin die Sehnsucht wird gestillt
nach Leben ohne karge Frist.

Ich wiederhole mich hier gern.
Nehmt nun den Frieden in Gebrauch,
beschützt das Glück auf diesem Stern.
Und alle Waldbewohner auch.

14.

Was uns schon lang am Herzen lag,
versinkt im fahlen Dämmerschein
und richtet jeden Stundenschlag;
Gebäude fallen, stürzen ein.

Gedanken fließen aus der Zeit
in stummgewordne Gegenwart,
belagern magren Widerstreit;
der Fluss ist nun zu Eis erstarrt.

Das Leben zögert, reibt sein Kinn,
bevor der Welten Klang verhallt,
und sucht nach keinem letzten Sinn;
die Fragen sterben, müd und alt.

15.

Die Arbeit lenkt vom Denken ab:
Prämisse einer alten Zeit,
die es in deinem Kopf nur gab,
im Randgebiet der Endlichkeit.

Und Sein und Leiden sind vereint,
auch jetzt in jeden Satz gefasst:
Der bleibt sich selbst der größte Feind,
der stur das Fremde immer hasst.

Die Flucht gelingt, heran zur Pflicht
von der du dich so gern entfernst.
Die Worte wehen in das Licht:
Im Spiel erkennst du erst den Ernst.

16.

Es ruht in jedem Ding ein Hauch
von Gott, der einst sich selbst erschuf
aus Dunkelheit und schwarzem Rauch,
ins Licht gestellt auf Widerruf.

Die Zeit verging im Schattental,
das man als unsre Erde kennt,
und alle Hoffnung wurde schmal,
von Zukunft ewig abgetrennt.

Wie sollen wir uns geben, jetzt,
und wechseln auf ein andres Gleis,
das besser mit dem All vernetzt
durch irgendeines Gotts Geheiß?

17.

Der Tag war schön, der Tag im Wald,
und angefüllt mit warmem Licht;
er gab uns wieder neuen Halt
und noch am Abend ein Gedicht.

Wir stehn am Rande sonst vielleicht
und wagen nicht den Weg hinaus,
der unsre Angst radiert und streicht;
wir bleiben viel zu lang zuhaus.

Doch dringen wir in Wälder ein,
gelingt, wie Lieder die man liebt,
dem guten Klang der Gang hinein.
Solang es hier noch Bäume gibt.

18.

Gewöhnlich sind (der Tag begann)
des Meeres Wellen grün und blau.
Das Wasser nimmt die Farbe an
des Himmels, aber der ist grau.

Und trotzdem gehn am Ufer hier
die Leute suchend hin und her,
sie sammeln flink im Sandrevier;
die Beutel bleiben niemals leer.

Nur manchmal tönt ein lauter Schrei
vom Ufer weg zum nahen Wald;
da war dann wohl ein Stein dabei,
der passte nicht und brannte kalt.

19.

Das Licht, aus ferner Weite Sicht,
gelangt zu uns am neuen Tag;
doch stehn dem Dunkel wir zur Pflicht
bei jedem hellen Glockenschlag.

Aus Einzelheiten aufgebaut,
dreht sich das Stunden-Karussell;
der Schnee ist schnell hinweg getaut,
die Ängste aber bleiben grell.

Wir treiben ohne festen Plan
und staken durch der Welt Gezelt;
versunken bald: der schwanke Kahn.
Und wieder mal: das Leben fällt.

20.

Und abermals verging ein Jahr
im Rieselstaub, das noch bevor
es kam bereits vergessen war,
obwohl es seinen Sinn beschwor.

Im Schneegestöber langer Nacht
zersprangen Worte, kaum gesagt;
das Feuer wurde nie entfacht
und nie ein neuer Tag gewagt.

Nur draußen, weit von hier entfernt,
befand sich Leben, dort im All,
und war die Hoffnung gut besternt
als andrer Zukunft Widerhall.

21.

Das Weiß der nächsten Tage hat
sich vorbereitet schon im Traum.
Und alle Straßen unsrer Stadt
erwarten nun den hellen Saum.

Am frühen Morgen, nach der Nacht,
gesilbert vom Laternenlicht,
entlässt der Himmel seine Fracht,
die flockensanfte Schwebeschicht.

Und was an Ängsten war, an Gram,
wird überdeckt, verschwindet bald.
Herab aus diesen Wolken kam
der Mut zu einem Aufenthalt.

22.

Der erste Stern nahm Wärme fort,
der dort erschien im Abendlicht,
und war als Bote nur vor Ort
des Mondes hellem Angesicht.

Darunter glitt die Winterwelt
in kühle stumme Nacht hinein;
die Bäume blieben hingestellt
und schliefen wie die Vögel ein.

In ihren Träumen trieben sie
aus Wäldern weg und über Land;
der Wind, der ihnen Flügel lieh,
hat was sie wünschten gut erkannt.

23.

Die Zwischenwelt ist überall,
als Knecht der Großen Einsamkeit,
der Worte blanker Widerhall,
versunken in die spröde Zeit.

Wem immer sie sich nun erschließt,
der wird gefangen sein und stumm
das Leid ertragen welches sprießt
um jeden Sehnsuchtsort herum.

Die fahlen Silben schimmern matt,
sie senden nur ein trübes Licht.
Es findet keine Feier statt;
ist niemand da, und niemand spricht.

24.

Der Weg, entlang dem Wortefluss,
verlandet im Gesträuch der Zeit,
die wertlos wirkt und enden muss,
für keinen Pfad zum Glück bereit.

Und noch dem allerletzten Satz,
gesprochen in die dunkle Nacht,
ermangelt es an einem Platz,
verloren wird die ganze Fracht,

vergessen jeder Silbe Laut.
Und nur im Traum erwacht das Wort.
Sobald der nächste Morgen graut,
verglimmt der Text und ist schon fort.

25.

Das Leben, dreht man es herum,
bleibt Nebel nur, ein grauer Streif;
was grade war wird wieder krumm,
und auf die Blüten fällt der Reif.

Die Liebe wandelt sich in Hass,
verloren ist der schönste Sieg,
die bunten Farben werden blass,
an allen Orten kauert Krieg.

Die Gegenwart erstarrt im Eis,
die Zukunft findet nicht mehr statt,
die Fragen sterben; kein Beweis,
dass es sie je gegeben hat.

26.

Entgegen deinem weitren Weg
verläuft des Lebens schmaler Pfad;
du fliehst der Pflichten Notbeleg
und aller Taten herbem Rat.

Du weißt von weltenfernem Raum,
darin der Dinge Lärm gefriert;
was hier geschieht, tangiert dich kaum,
du bist mit einem Traum liiert.

Du hältst dich noch für kurze Zeit;
danach wird Stille sein im All.
Du ruhst in deiner Ewigkeit,
versäumst der letzten Sterne Fall.

27.

Im Wind, der um die Häuser weht,
verklingen Stimmen, sinken hin;
und später dann, wenn er sich dreht,
sind Häuser leer und niemand drin.

Vielleicht, in einer fernen Zeit,
erkunden Wesen aus dem All
(nach ihren Flügen, lang und weit)
den unbewohnten Erdenball.

Kann sein, sie finden vor der Stadt,
die man noch gut erahnen kann,
ein Schild (die Schrift ist schon sehr matt):
Wir kommen wieder, irgendwann!

28.

Der Augenbrauen Gitterschicht
umrandet deiner Träume Flucht,
die erst beim nächsten Tageslicht
ins Ungefähre wird verbucht.

Und was an Schönem du auch sahst,
vergeht im schnöden Lampenschein,
wovor die Hoffnung kläglich grast;
und alle Wünsche werden klein.

Du hast nun wieder etwas Zeit,
die Stunden ziehen hin zur Nacht;
die Träume halten sich bereit,
erneut erliegst du ihrer Pracht.

29.

Des Amselschnabels Gelbgesang
(wir waren unterwegs im Wald)
herab von einem Baume klang;
dort nahm der Vogel Aufenthalt.

Dann sprang er durch die Äste fort,
verschwand, geriet aus unsrer Sicht.
Wir standen lange noch am Ort,
umsäumt von mildem Sonnenlicht.

So gingen wir zurück zur Stadt,
und waren eigentlich zu dritt.
Woran das wohl gelegen hat?
Wir nahmen Amsels Lieder mit.

30.

Der Druck auf diesen Knopf genügt,
und gleich verändert sich die Zeit;
ich bin Vergangnem eingefügt
und für die Zukunft nicht bereit.

Ich lebe nur die Gegenwart
und steh, obwohl ich gehe, still;
Konflikte bleiben ausgespart,
ich sehe was ich glauben will.

Sirenen holen mich ins Jetzt,
das Abenteuer ist vorbei;
aus digitaler Welt versetzt,
erwache ich mit einem Schrei.

31.

Nun sag, was deine Seele treibt
in diesen Tagen ohne Trost,
wo nur das Schweigen übrig bleibt
und Stillstand immer ausgelost.

Nun hör, wenn du noch eine hast,
was dir bedeutet wird von ihr,
wenn Kälte klammernd dich umfasst
in deinem tristen Notrevier.

Nun schreib die Worte deutlich hin
und berge sie in jeden Satz:
Das Leben hat, trotz allem, Sinn;
du wirst gebraucht an diesem Platz.

32.

Das Haus ist ewig schon zerstört,
darin ich Kind gewesen war,
und hat dem Gestern nur gehört
als Steingebilde Jahr um Jahr.

Ich stand im Flur, und an der Wand
zerschlug die Uhr den Stundengang;
sie warf in meine kleine Hand
die Splitter für ein Leben lang.

Ich habe niemand was gesagt,
die Worte blieben stumm in mir,
es hat auch keiner nachgefragt;
ich hab die Splitter, sie sind hier.

33.

Du lebst, und liebst das Tageslicht,
du gibst dich nicht den Nächten hin;
und sie geraten außer Sicht,
ergeben eben keinen Sinn.

Du fliehst die dunkelstille Zeit,
genießt die helle warme Welt
als schöne Angelegenheit,
die niemand jemals dir vergällt.

Doch kann es sein, der Schein vergeht
der sich um alle Dinge legt;
so dass der Wind sich wieder dreht
und dich in dunkle Stunden trägt.

34.

Die Uferwiese, überschwemmt,
nimmt auch den schmalen Weg heraus;
das Wasser breitet ungehemmt
sich in der flachen Gegend aus.

Die Berge sehen das von fern,
betrachten ungerührt die Stadt;
am Himmel schwimmt ein müder Stern,
der sich dem Tag ergeben hat.

Die Fluten steigen überall,
und niemand kämpft dagegen an;
die Erde wird zum Wasserball,
im schönsten Blau gehalten: dann.

35.

Wir sollten innehalten, jetzt,
bevor wir uns entfalten, bald;
wir sind hier in das Sein gesetzt
für einen Erdenaufenthalt.

Und doch, betrachtet ganz genau:
Wir haben leider keine Zeit.
Das Glück missachtet uns, und rau
zerspringt der Wunsch nach Ewigkeit.

Soweit wir auch gekommen sind,
so wenig haben wir gelernt.
Das Weltall aber würfelt blind;
beim nächsten Wurf sind wir entfernt.

36.

Der reinen Worte Zauberklang,
gesprochen in die kühle Nacht,
genügt nicht mehr als Angesang
und wird ins Abseits nun gebracht.

Daraus erhebt sich in den Tag
ein Rest der dich in Ruhe lässt,
als nur ein Flüstern im Verschlag.
Und erst am Abend stellst du fest:

Was dich umgab an diesem Ort,
berührte deine Hoffnung schwach
und war verborgen in dem Wort,
vergessen fast; es klingt noch nach.

37.

Du weißt schon alles über mich,
kennst jeden Pfad den ich beging
und jeden Fehler sicherlich,
als stündest du mit mir im Ring

und klemmtest mich am Seile fest,
das um den Ring gezogen ist
und sich nicht überwinden lässt
mit keiner, noch so feiner, List.

So kommst du selbst auch nie hinaus
und bleibst, wie ich, an diesem Ort;
du malst die Schattenbilder aus
und wirfst des Tages Stunden fort.

38.

Wir sind aus leichtem Licht gewebt
und halten uns im Gleichgewicht;
im Steingeschiebe eingestrebt,
erheben wir das Sein zur Pflicht.

Nur selten, falls es je geschieht,
entflieht dem stummgestimmten Tag
Gesang, der als vergessnes Lied
versteckt im Felsgebirge lag.

Die Noten werden bald zerstört
von jenen die es anbetraf,
die Lieder bleiben ungehört;
wir sinken wieder in den Schlaf.

39.

So bleibt dir deine Stimme nur,
ein Flüstern, in den Raum gestreut,
der Klang als allerletzte Spur
der Sprache die ihr Sein bereut.

In Nebensätzen lief es ab,
dein Leben, ohne einen Punkt;
und wenn es etwas Hoffnung gab,
hat sie mit schwachem Schein gefunkt.

Im Hintergrund, ein zahmer Geist,
verschwebt das Wort und wird zum Hauch,
der still um starre Dinge kreist;
die Stimme in dir stirbt nun auch.

40.

Gestammelt nur: mein ganzes Werk.
Geschrieben stets: mit Übermut.
Gescheitert auch: am hohen Berg.
Der allzu vielen Verse Flut,

gedrängt in einen langen Tag,
der nachts vergaß was gestern war,
umspülte jeden Stundenschlag
und blieb am Ende unsichtbar.

Vielleicht erreicht in ferner Zeit,
als Echo in den Raum gesandt,
ein Wort das Ziel, hält sich bereit
entdeckt zu werden und genannt.

Januar/Februar 2022